Pépin dans les pommes

Léo-James Lévesque

Illustrations : Diane Blais

Directrice de collection : Denise Gaouette

Rat de bibliothèque

Données de catalogage avant publication (Canada)

Lévesque, Léo-James

    Pépin dans les pommes

    (Rat de bibliothèque. Série bleue; 6)
    Pour enfants de 7 ans.

    ISBN 2-7613-1572-3

    I. Blais, Diane. II. Titre. III. Collection: Rat de bibliothèque (Saint-Laurent, Québec). Série bleue; 6.

PS8573.E962P46 2004   jC843'.6   C2004-940315-X
PS9573.E962P46 2004

Dépôt légal: 2ᵉ trimestre 2004
Bibliothèque nationale du Québec
Bibliothèque nationale du Canada

IMPRIMÉ AU CANADA   1234567890 IML 0987654
                                         10633 ABCD   JS16

Chaque année, le roi Pépin organise une fête
pour célébrer son anniversaire.
Il invite toutes les personnes de son royaume.
Les invités jouent de la musique,
chantent et dansent.
Ils apportent des cadeaux.
C'est la fête au château.

Cette année, le roi Pépin reçoit
un cadeau tout à fait spécial.
— Quel merveilleux cadeau !
   Un pot de confiture de pommes !
   dit le roi tout excité.
Il faut dire que le roi Pépin raffole
de la confiture de pommes.

Le roi Pépin essaie d'ouvrir son pot de confiture.
Il force, force et force.
Son visage devient rouge comme une pomme.
— Ça ne fait pas « POP ! », dit le roi déçu.

—Ça ne fait pas « POP ! ».
Qui peut ouvrir mon pot de confiture de pommes ?
demande le roi Pépin.
Personne n'ose répondre.
C'est le grand silence.

— Qui peut ouvrir mon pot de confiture de pommes ?
répète le roi Pépin.
Personne n'ose répondre.
C'est le grand silence.
On entend presque les mouches voler.

— Je vais donner deux lingots d'or à la personne
qui ouvrira mon pot de confiture de pommes,
dit le roi Pépin.
Aussitôt, tous les invités veulent tenter leur chance.

— Je peux ouvrir ce pot, dit un jongleur.
Il tient le pot entre ses genoux
et essaie de faire tourner le couvercle.
Le jongleur est rouge comme un coquelicot.
Rien à faire. Le couvercle refuse de bouger.

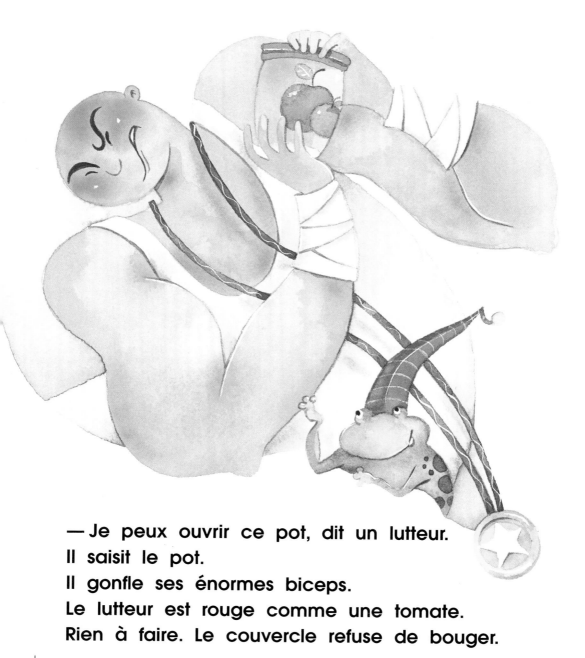

—Je peux ouvrir ce pot, dit un lutteur.
Il saisit le pot.
Il gonfle ses énormes biceps.
Le lutteur est rouge comme une tomate.
Rien à faire. Le couvercle refuse de bouger.

— Je peux ouvrir ce pot, dit une chanteuse d'opéra.
Elle remplit ses poumons d'air.
Elle laisse sortir une note si aiguë
que les lunettes du roi se brisent en mille miettes.
La chanteuse d'opéra est rouge
comme une canneberge.
Rien à faire. Le couvercle refuse toujours de bouger.

— Moi, je peux ouvrir ce pot, dit une petite fille.
Il me faut de l'eau très chaude,
une serviette et une cuillère.
Aussitôt, tous les invités éclatent de rire.
— Apportez ce que la petite fille demande,
ordonne le roi.

La petite fille plonge le pot de confiture
dans l'eau chaude.
Après un moment, elle sort le pot de l'eau
et l'essuie avec la serviette.
Elle glisse le bout de la cuillère
sous le bord du couvercle.
Elle presse le manche de la cuillère vers le bas.
« POP ! », fait le couvercle.

Le pot de confiture est enfin ouvert.
Le roi Pépin s'empresse de goûter
à sa confiture de pommes.
— Comme c'est délicieux !
   dit le roi.

Le roi donne à la petite fille
deux lingots d'or et deux cuillerées
de sa précieuse confiture.
— Miam-miam ! Comme c'est bon !
    dit la petite fille.

Le mois suivant, c'est l'anniversaire
de la reine Charlotte.
Elle reçoit un cadeau tout à fait spécial.
Mais... sera-t-elle capable de l'ouvrir ?